WE
MEAT

ST LOST THE LUST ZU KOCHEN...
ESSEN IST GEIL
BRÄUHAUS ZUSSDORF
TOPH

Impressum

Jahr 2020 | Auflage 1500 | Selbstverlag

Irene Baur-Storz
Bräuhaus Zussdorf
Ravensburger Str. 4
88271 Zussdorf

Text & Idee
Christoph Storz

Gestaltung & Fotografie
Büro Peter Kunze

Illustrationen
Phil Drewes

Textanpassung
Marius Beck
Barbara Kunze
Johanna Mutschler
Patricia Stäbler

ISBN 978-3-00-066451-9

Druckerei
WIRmachenDRUCK GmbH
Mühlbachstraße 7
71522 Backnang

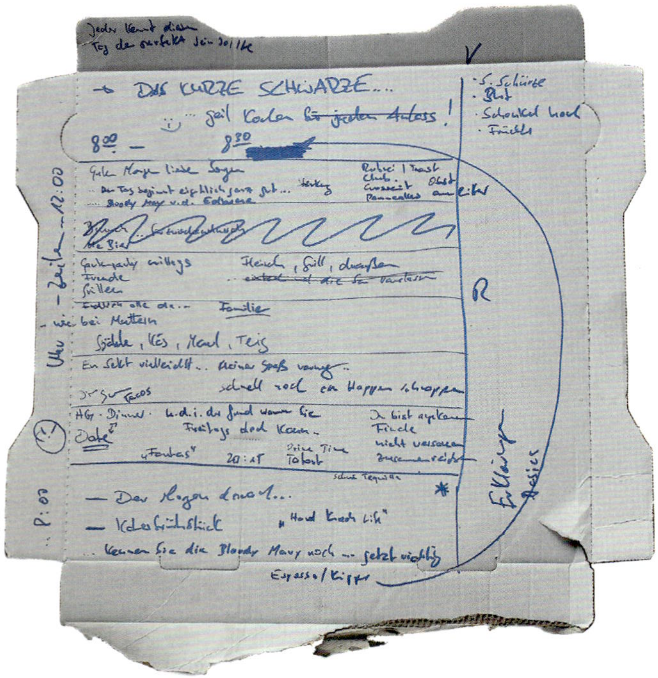

Vorwort

Tipp: Mitten in der Nacht lässt sich auch mal auf dem Pizzakarton planen!

„Jetzt macht der au no e Kochboch, also brauchts des?", höre ich schon manche sagen. Klar, stimmt ja irgendwie auch, Kochbücher gibt's nicht grad wenige und warum dann ausgerechnet ein Koch aus Zussdorf auch noch eins machen muss, erschließt sich vielleicht nicht gleich.
Aber: Ich habe einfach den Wunsch als Koch meine Leidenschaft und meinen Stil zu bündeln und nach außen zu tragen.
Dann kam Corona und die Krise! Mit ihren strengen Reglements und der zeitweisen Schließung der Betriebe wurde die Gastronomie in die Knie gezwungen. Die Empfehlung „zu Hause zu bleiben" war im Grunde für das gesamte Gastgewerbe existenzbedrohend. Dennoch habe ich in dieser aufgezwungenen, freien Zeit eine Chance gewittert. Dass wir wochenlang unser Bräuhaus schließen mussten, bedeutete nämlich endlich Gelegenheit zu haben, um das Projekt durchzuziehen. Mit der Unterstützung eines guten Freundes konnte ich meine Vorstellung von einem guten, klassischen Essen, von ausgefallenen Köstlichkeiten und von meinem eigenwilligen Lebensentwurf zu Papier bringen. Ich glaube fest daran, dass jede Krise auch eine Chance auf Neues und Gutes bietet.

Eine Inspiration für einen appetitlichen Neuanfang gefällig? Dann satteln Sie die Hühner, holen Sie ihr „Kleines Schwarzes" aus dem Schrank und stellen Sie sich auf geiles und lustvolles Kochen ein.

Christoph Storz

INHALT

DAS FRÜHSTÜCK

...hackt's eigentlich?

8:15 Uhr – eigentlich war Ausschlafen angesagt. Wird au mol wieder Zeit! „Lieeebling“, schallt es schon grantenmäßig laut durch die Wohnung. Was ist denn jetzt los?
Ein Blick aufs Handtelefon verrät: „Wir freuen uns schon so auf den tollen Familientag bei euch.“ Fuck! Heute hatte sich ja Besuch angekündigt. Also den Sand aus den Augen gerieben, einmal tief Luft geholt und raus aus em Seich. Jetzt erstmal Frühstücken

Quiche Lorraine

200 g geschnittenen Spargel, 3 Eier , 250 ml Sahne, eine Prise Pfeffer, eine Prise Salz

Alles zusammen verquirlen und den Spargel unterheben. Dass man den Spargel auch hübsch in der Form anrichten und dann mit der Masse übergießen kann, sollte klar sein. Den ausgerollten Teig in eine gefettete Springform legen und die Masse darauf geben. Bei 180°C ca. 30 min backen.

Isch des dieses Low-Carb?

Mürbteig

*250 g Mehl , 125 g Margarine, 50 g Zucker, 1 Ei
1 TL Backpulver, 1 TL weißer Balsamicoessig*

Alles zusammenmischen und 10 min gut durchkneten. Danach 1 h kühl stellen. Heraus aus dem Kühlschrank, bei Zimmertemperatur ausrollen und verarbeiten.

Bloody Mary von der Erdbeere

10 Kirschtomaten, 500 g Erdbeeren (saisonal – dann kann auf Zucker verzichtet werden), 250 ml Sodawasser, 1 Prise Salz, frische Minze, Puderzucker, 10 Eiswürfel.

Alle Zutaten, bis auf Minze und Puderzucker, in die Küchenmaschine geben und mit dem Mixaufsatz pürieren. In einer schönen Karaffe anrichten, mit Minze und Puderzucker garnieren und ab dafür.

Erdbeergsälz

1kg Erdbeeren, 1 Biozitrone, 500g Gelierzucker (2zu1)

Erdbeeren waschen, putzen und halbieren. Abrieb und Saft einer Zitrone hinzugeben, den Gelierzucker untermischen und in einem Topf bei mittlerer Hitze eine Stunde köcheln lassen. Den dabei entstandenen Schaum abschöpfen und danach das Gsälz in saubere Gläser abfüllen und verschließen. Über Nacht abkühlen lassen und genießen.

Tipp: Wenn Sie diesen hervorragenden Brotaufstrich zum Frühstück verzehren wollen, empfiehlt es sich dieses am Tag zuvor zuzubereiten. Das Gsälz ist in den Einmachgläsern sehr lange haltbar.

Kennt I des als Schorle zum Schlotze hon?

Zutaten:

Mehl (550er)	*1kg*
Milch	*600ml*
Butter	*120g*
Zucker	*200g*
Hefe	*1 Würfel*
Salz	*½ TL*

Hefeteile bzw. Zopf & Grissini

Mehl, Salz und Zucker in eine Rührschüssel geben und eine Mulde in die Mitte machen. Die Hefe in die Mulde bröseln und mit etwas Milch bedecken, dies ca. 15 min zu einem Vorteig ruhen lassen. 120 g weiche Butter, Saft und Abrieb einer Zitrone, sowie die restliche Milch und Butter dazugeben und 20 min zu einem glatten Teig kneten. Jetzt 1 - 2 Stunden zugedeckt ruhen lassen, je länger – desto besser.

Auch kleine Brötchen backen will gelernt sein.

Den Zopfteig jetzt herausnehmen, flechten, auf ein Backblech legen und nochmals ruhen lassen. Im vorgeheizten Backofen bei 230 Grad ca. 10 min backen. Den Ofen auf 180 Grad herunterregeln und nochmals ca. 20 min backen.

Einen Guss aus Zitronensaft und Puderzucker herstellen, den lauwarmen Zopf bestreichen und mit Hagelzucker bestreuen.

Eventuelle Teigreste können zu Hefecroissaints oder einfach zu Grissinis gerollt werden.

„Wär ein Ei nicht rund sondern eckig,

Pancakes

2 Personen: 2 Eier, 250 ml Buttermilch, 1 TL Natron, 250 g Mehl, 2 TL Zucker, 4 TL flüssige Butter, 3 TL Backpulver, ¼ TL Salz, Mark einer Vanilleschote, Abrieb einer Orange und einer Zitrone.

Die beiden Eier trennen, das Eiweiß aufschlagen und kaltstellen. Die restlichen Zutaten zusammen mit dem Eigelb in ein Schüssel geben und so lange verrühren, bis ein glatter Teig entsteht. Nun das geschlagene Eiweiß unterheben. Pfanne erhitzen, ein Stück Butter hineingeben und für einen Pancake eine Kelle Teig hinzugeben. Die Pancakes auf beiden Seiten goldbraun anbacken. Zum Schluss die Pancakes auf einem Teller mit Ahornsirup oder brauner Butter servieren.

Rührei mit Speck

2 Personen: 4 Eier, 4 Scheiben Bauchspeck, Schnittlauch, Pfeffer, Salz

Den Speck in einer Pfanne kurz braten und zur Seite legen. Die Eier in eine Schüssel schlagen, mit dem Schneebesen leicht anschlagen und in die Speckpfanne geben. Den Schnittlauch schneiden. Speckscheiben auf einem Backpapier bei 200° C für 8 min. in den Backofen geben. Wenn die Eimasse unter ständigem Rühren medium gestockt ist, wird sie mit Salz und Pfeffer abgeschmeckt und auf den Teller gegeben. Mit Schnittlauch und dem krossen Speck garnieren. Guten Appetit.

gings den Hühnern ziemlich dreckig."

Club Sandwich

12 Scheiben Toastbrot, 12 Scheiben Frühstücksspeck, 12 dünn geschnittene Scheiben Roastbeef, 2 Avocados, 1 Kopf Eisbergsalat, 2 Tomaten, 2 rote Zwiebeln, 3 EL Senf, 80 g Mayo, 2 hartgekochte Eier.

Den Senf mit der Mayo vermischen, Toastbrotscheiben rösten, die Roastbeefscheiben und den Speck kross anbraten, die Tomaten in dünne Scheibe schneiden. Eisbergsalat abzupfen und waschen, die Avocados entkernen und das Fruchtfleisch in Scheiben schneiden.

6 Toastbrotscheiben auslegen, mit der Mayo bestreichen und die restlichen Zutaten aufschichten. Es ist ratsam, Zwiebeln, Eisbergsalat und Tomaten vorher klein zu schneiden. Nun die restlichen Toastbrotscheiben auch mit der Mayo bestreichen und als Deckel verwenden.

Die Sandwiches diagonal durchschneiden, mit einem Holzspieß fixieren und servieren.

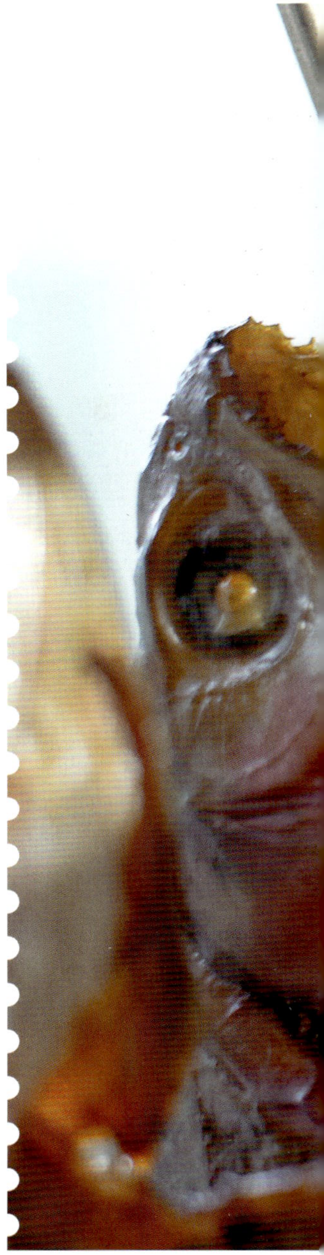

Gerauchte Forelle

Es folgt das einfachste Rezept in diesem Kochbuch: Gerauchte Forelle kaufen, dünn aufschneiden und schön mit geröstetem Brot und Dill anrichten. Das Ganze mit etwas Olivenöl beträufeln. Einfach geil.

GRILLPARTY

...dschuldigung ~ hond sie reserviert?

10:30 Uhr – Frisch gestärkt ans Werk. Erstmal muss ein Plan fürs Mittagessen her. Was brummt denn da. Nicht im Ernst. Wieder das Handy. Die Jungs würden mittags vorbeikommen, das Wetter sei ja so gut, also ab in Garten stracken, Woiza hoiza und im Becka plantscha. Klar, was macht me it alles für seine Kumpels. Und so eine Grillerei organisiert sich ja auch quasi von allein. Also Grill anfeuern und ab in die Badebuchse...

Japanischer „cold brew“ Eistee

Zutaten: Grüner Tee (offen), Zitronenblätter oder Zitronenschale, Ingwer, Eiswürfel.

Den grünen Tee in kaltem(!) Wasser ca. 1,5 Stunden im Kühlschrank ziehen lassen. Den Tee in eine schöne Karaffe abgießen. Ingwer und Zitronenblätter hinzugeben. Weitere 10 min. ziehen lassen. Eiswürfel hinzugeben. Fertig.

Salat & Dressing

... da hast du den Salat!

Senf-Dill-Soße

3 EL Essig, 5 EL Zucker, 6 EL Senf, 5 El Olivenöl, 2 EL gehackter Dill.

Zucker in der Pfanne karamellisieren lassen und mit dem Essig ablöschen. Den Senf und das Öl einrühren. Zum Schluss den Dill unterrühren.

French Dressing

100 ml Weißweinessig, 100 ml Olivenöl, ½ fein gehackte Zwiebel, 1 TL Senf, Zucker, Salz, Pfeffer

Verrühren bis eine Emulsion entsteht.

Roquefort Dressing

50 g Roquefort Käse, 3 EL Sahne, 1 EL Weißwein, Saft und Abrieb einer Limette, Olivenöl, Salz, Pfeffer

Alles zusammen durchmixen.

Hausdressing

1 Karotte, ½ Stange Lauch, ¼ Kopf Sellerie, 100 g Petersilie, 1 Zwiebel, 100 g Mayo, 150 ml Sahne, 150 ml Ketchup, 5 EL Worcestersoße, Saft und Abrieb einer Zitrone, 50 ml weißer Balsamicoessig, Salz, Pfeffer, Zucker.

Das Gemüse mixen und mit den anderen Zutaten vermengen. Danach mit dem Mixstab pürieren.

Linsensalat

200 g Berglinsen, 1 Karotte, 1 Lauchzwiebel, dunkler Balsamicoessig, Petersilie, Olivenöl, Salz, Pfeffer, Zitronensaft

Linsen ca. 10 min in Salzwasser kochen und abschrecken. Karotten und Lauchzwiebel in Würfel schneiden. Das Gemüse sowie die Linsen mit den restlichen Zutaten vermengen und abschmecken.

If you like...

Piña Colada (alkoholfrei)

500 ml Cocosmilch, eine süße Babyananas, Minze, eine Himbeere, Eiswürfel

Alles bis auf die Minze und die eine Himbeere in eine Schale geben und vermixen. Eiswürfel hinzugeben und mit Minze und der einen Himbeere garnieren.
Wer hat an diesem Abend eigentlich diese eine Himbeere ins Foto geschummelt?
Wenn man(n) es lieber alkoholisch möchte gibt man(n) einfach 4cl weißen Rum (min. 70%) hinzu.

Zutaten: *800 g San Marzano Tomaten, eine rote Zwiebel, 2 Knoblauchzehen, 6 EL Olivenöl, 2 frische Peperonis, 250 ml Gemüsebrühe, Salz, Pfeffer, 1 Bund frischer Basilikum, Eine Stange Weißbrot vom Vortag.*

Toskanische Tomatensuppe

Lieber Tomaten im Glas als auf den Augen.

Tomaten oben und unten kreuzförmig einritzen und mit kochendem Wasser übergießen. Kalt abschrecken und die Haut abziehen. Tomaten vierteln und das Kerngehäuse entfernen. Zwiebeln, Knoblauch und Tomaten fein hacken.

Einen Topf mit Olivenöl erhitzen und die kleingehackten Zutaten anschwitzen. Nun die Peperoni kleinschneiden und hinzugeben. Mit Salz und Pfeffer würzen und dann mit Gemüsebrühe aufgießen. 20 min köcheln lassen, danach vom Herd nehmen und 2 Stunden ziehen lassen.

Das Brot in Scheiben schneiden und in einer Pfanne mit Olivenöl goldbraun anrösten. Die Suppe nun erwärmen, Basilikum fein schneiden, hinzugeben und mit Olivenöl beträufeln.

*Wer gerne vegan kocht verwendet einfach Hartweizennudeln ohne Ei.

Bullenfutter / Spargel mal anders

Für die Füllung: *50g frischer Blattspinat, 250g grüner Spargel, 50g Ricotta, 50g Pankomehl, Muskat, Salz, Pfeffer, Abrieb einer Zitrone.*

Das unterste Drittel des grünen Spargels schälen. Den Spargel nun fein schneiden und in einer Pfanne mit dem Blattspinat kurz anziehen. Abkühlen lassen und mit den restlichen Zutaten gleichmäßig vermengen.

Für die Ravioli den Nudelteig dünn ausrollen und mit einer Tasse ausstechen. Einen Teelöffel Füllung in die Mitte des Teiglings geben.

Den Rand des Teiglings mit Wasser befeuchten und mit einem weiteren Teigling bedecken. Den Rand nun zusammendrücken. Fertig sind die frischen Ravioli.

Für die Pasta: *Nudelteig: 250g Mehl, 60ml lauwarmes Wasser, 1 Prise Salz, 1 Ei**

Alle Zutaten in die Küchenmaschine geben und 10 min rühren lassen. Den Teig herausnehmen und weitere 10 Minuten mit dem Handballen kneten bis ein glatter Teig entsteht. Den fertigen Teig über Nacht im Kühlschrank ruhen lassen.

Für das Gemüse: *3 rote Peperoni, 50g Rucola, 500g weißen Spargel, Zucker, Salz, Pfeffer, Parmesankäse, Pinienkerne, Olivenöl*

Den Spargel schälen, die Peperoni halbieren und das Kerngehäuse entfernen. Rucola, Parmesankäse und Pinienkerne mit dem Olivenöl und etwas Salz zu einem Pesto mixen. Tipp: Ein Teelöffel Honig neutralisiert die Schärfe des Gartenruccolas. Nun den Spargel halbieren, mit den Peperonis und etwas Olivenöl in einer Schüssel mischen und 10 min. ziehen lassen. Eine Pfanne erhitzen. Alles unter ständigem Schwenken oder Rühren scharf anbraten. Nach 5 Minuten etwas Zucker hinzugeben und karamellisieren lassen, bis der Spargel bissfest ist.

Für den French-Toast (salzig): *6 Scheiben Toast, 4 Eier, 150ml Milch, etwas Öl, Salz*

Eier und Milch verquirlen und mit Salz abschmecken. Das Öl in einer Pfanne erhitzen, den Toast in die Eimasse tunken und anbraten. Mit Zucker und Zimt fürs Frühstück.

Am Ende alles zusammen auf einer großen Platte schön anrichten.

Gnocchis mit Beeren

Für die Gnocchis:
1kg Kartoffeln (vorwiegend festkochend), 380g Mehl, 150g Grieß, Salz

Die Kartoffeln kochen bis sie gar sind. Heiß pellen und durch eine Kartoffelpresse drücken. Mit Mehl, Gries und Salz vermengen und zu einem glatten Teig verarbeiten. Den Teig ca. 20 Minuten ruhen lassen. Danach in 20cm lange und 4cm dicke Würste (Achtung Wortwitz! Vegetarisch...) rollen. Nach Belieben mit einer Teigkarte oder ähnlichem die Gnocchiwürste abtrennen. Einen Topf mit Wasser aufstellen und zum Kochen bringen.

Die Gnocchis in siedendem Wasser köcheln lassen bis sie oben schwimmen. Zum Schluss in Eiswasser abschrecken.

Für das Gericht:
100g frische Himbeeren, 10 frische Steinchampignons, 30g frische Heidelbeeren, 10 Erdbeeren, Thymian, Salbei, Olivenöl, Salz, Pfeffer, Parmesan

Steinchampignons in Olivenöl mit dem Salbei ca. 3min anrösten, gekochte Gnocchis dazu, mit Salz und Pfeffer abschmecken, Pfanne vom Herd ziehen und mit den Beeren durchschwenken. Nun in einem Teller anrichten. Mit Olivenöl beträufeln und frischen Parmesan darüber hobeln.

Wish you were beer.

Rhabarber Maracujá

Früchteteebeutel, eine Stange frischen Rhabarber, Minze, Ingwer, 0,5 l Maracujasaft, Eiswürfel

Den Früchtetee in einem Liter heißem Wasser ca. 5 min aufbrühen. Den Maracujasaft hinzugeben. Den Rhabarber waschen und schälen. Den Ingwer reinigen und in Scheiben schneiden. Minze, Ingwer und Rhabarber in den Drink geben. Weitere 5 min ziehen lassen. Eiswürfel hinzu geben.

Cheeseburger

500 g gewolftes Black Angus Rib Eye (Achtung teuer! Achten Sie auf den Gesichtsausdruck Ihres Metzgers), 2 Tomaten, 10 Scheiben Bauchspeck, 1 Kopf Lollo Bionda (Salat), einen kleinen Kopf Weißkraut, 2 rote Zwiebeln, 10 Scheiben Cheddar Käse, 50 g Mayo, 50 g Heinz Ketchup, 50 g Dijon Senf, 5 Brioche-Brötchen

500g von dem grobe Fetta bitte...

Das Hackfleisch in 100 g Portionen aufteilen, mit Salz und Pfeffer würzen, formen und zusammen mit dem Speck in der Pfanne medium anbraten. Nach 2 Minuten die Patties wenden (ja exakt 1 Mal) und diese mit dem Käse belegen. Nach weiteren 2 Minuten aus der Pfanne nehmen und kurz ruhen lassen (2 Minuten). Währenddessen das Kraut fein schneiden und die Mayo mit Ketchup und Senf vermischen. Tomaten in Scheiben schneiden und den Salat waschen. Wie man dieses Schmuckstück nun zusammenbaut, entnehmen Sie dem Foto links. Geht gut mit Fritten.

Der Rote Beete Burger

Bohnen über Nacht einweichen und dann kochen oder vorgekocht kaufen. Rote Beete abkochen und schälen. Beete und Bohnen mit einem Fleischwolf, einer Spätzlepresse oder den Händen zerquetschen. Die Masse nun über einem Sieb mindestens 10 Minuten abtropfen lassen.

Den Thymian vom Stiel streichen, grob zerhacken, und danach in einem Mörser zusammen mit Haselnüssen und Haferflocken zerstoßen.

Alles zu einer Masse vermischen und weitere 10 min. ziehen lassen, bis die Haferflocken die Flüssigkeit aufgesogen haben. Die Masse mit Salz, Pfeffer, einer Prise Zucker, einer Prise Kreuzkümmel und einem Spritzer Sojasoße abschmecken.

Die Masse mit den Händen oder einem Ring zu Burgerpatties formen. Sollte die Masse zum Formen noch nicht fest genug sein, etwas mehr Haferflocken mörsern und hinzugeben.

Die fertigen Patties in der Pfanne oder auf dem Grill ca. 5 min anbraten und zwischen den zwei kurz angerösteten Hälften des Burgerbrötchens mit Salat (nach Lust belegt) und Sauce servieren.

War die rote Beete beim Thommy im Agebot?

Zutaten:

Rote Beete	*4 St*
Weisse Bohnen	*100 g*
Haferflocken	*100 g*
Haselnüsse	*50 g*
Tomatenmark	*1 TL*
Thymian	*½ Bd*
Salz, Pfeffer, Zucker	
Kreuzkümmel	
Sojasoße	
Burgerbrötchen	*4*
Salat	*50 g*

Erbsenburger

Der grüne Patty besteht aus reinem Erbsenpüree, das mit Salz und Pfeffer abgeschmeckt wurde. Die Erbsen haben genug Stärke, um nach dem Braten zusammenzuhalten.

Ceviche

Ceviche ist das peruanische Nationalgericht, das mit seiner Frische und Leichtigkeit gerade in den heißen Sommermonaten überzeugt. Außerdem ist es für den Körper mit seinem Eiweiß- und Vitamingehalt eine immunisierende Wohltat.

„No es tan fiero el león como lo pintan"

Den Wolfsbarsch roh in 2 cm Stücke schneiden und in eine Schüssel geben. Limetten halbieren und über den Fisch pressen und 10 min ziehen lassen. Der Ochsenherztomate die Haut abziehen, entkernen und das Fleisch würfeln. Die restlichen Zutaten bis auf die Garnelen fein schneiden und unter den Fisch mengen. Die Garnelen putzen, entdarmen, schälen und leicht plattieren. Ebenfalls mit Limettensaft marinieren und 10 min ziehen lassen. Die Ceviche mit den Garnelen in einem tiefen Teller anrichten, mit dem restlichen Fond übergießen und mit einem Korianderblatt garnieren. Gegebenenfalls kann eine Scheibe Brot dazu gereicht werden.

400 g Wolfsbarschfilet, 4 Limetten, eine Ochsenherztomate, eine rote Zwiebel, eine Stange Staudensellerie, ein halber Bund Koriander, eine Chilischote, 1 TL Olivenöl, Salz, Pfeffer, 4 Garnelen

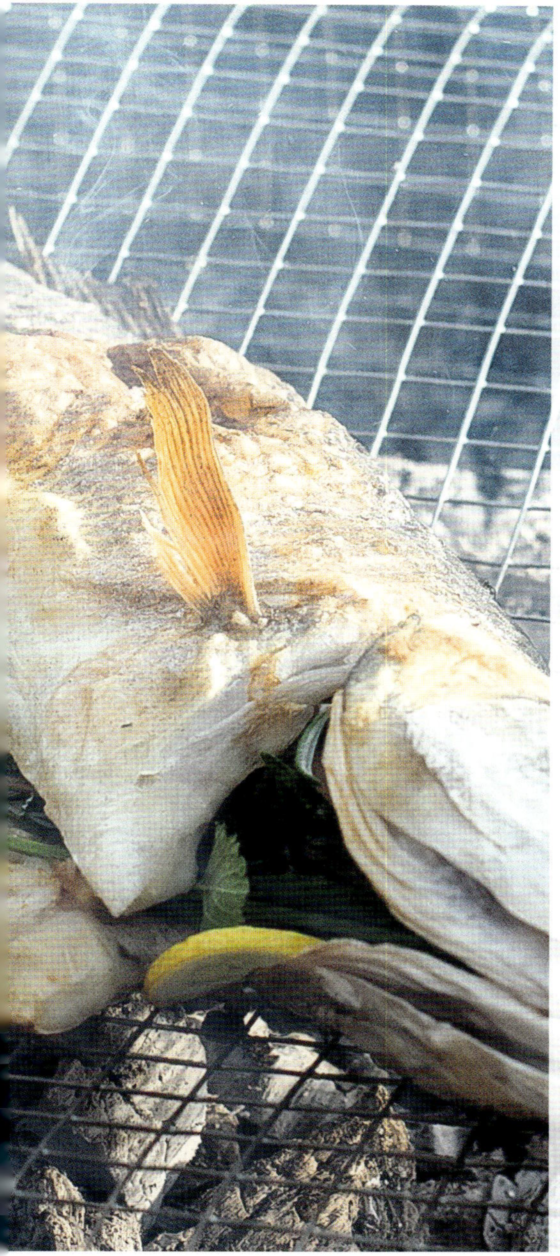

Wolfsbarsch vom Grill

2 Stück Wildfang Wolfsbarsch (die guten Geräte, ausgenommen und geschuppt), 2 Zitronen, Melisse, Rosmarin, Thymian, Salz, 2 Bambusstäbe

Den Wolfsbarsch unter kaltem Wasser reinigen und mit einem Tuch abtupfen. Reiben Sie nun die Bauchinnenseite des Fisches mit Zitrone und Salz aus und füllen Sie danach den kompletten Bauch mit den restlichen Kräutern sowie Zitronenscheiben. Nun die Bambusstäbe durchs offene Maul bis hin zum Schwanz durchstechen.

Die Fische nun indirekt 15 min über dem Feuer grillen, bis die Haut Farbe annimmt. Nun eine Minute pro Seite direkt über dem Feuer grillen. Dazu wird Röstbrot gereicht.

Chimichurri

1 Bund Petersilie, 2 Knoblauchzehen, 50-100 ml gutes Olivenöl, 1 Chili (Schärfe nach Belieben), eine rote oder weiße Zwiebel), Salz und Pfeffer, 1TL Zucker, Zitronenzesten und den Saft einer halben Zitrone

Optional: Die Zwiebel weglassen wenn man größere Mengen herstellt, da diese die Haltbarkeit einschränkt

Die Petersilie fein hacken, ebenso die Chili und Zwiebel. Die Knoblauchzehe pressen und ebenfalls hinzugeben. Alle Zutaten in eine Schüssel geben und abschmecken. Mindestens 1 Stunde ziehen lassen.
Die Chili kann aufgrund der Schärfe reduziert oder ganz weggelassen werden.

Spare Ribs

8 Babyback Ribs
Für den Rub: 1EL Paprikapulver mild, 1TL Salz, 1TL Brauner Zucker, 1TL Senfpulver, 1TL Chilipulver, 1TL Kreuzkümmel, ½TL Schwarzer Pfeffer gemahlen, 1TL Chayennepfeffer

Bei Spare Ribs handelt es sich um ein Schmorgericht. Den Ribs wird zuerst die Silberhaut auf der Knochenseite abgezogen. Dafür fährt man am leichtesten mit dem Griff eines Teelöffels zwischen Silberhaut und Knochen. Dann werden die Ribs mit einer Trockenmarinade (Rub) eingeschmiert.

Nun gibt man die Ribs bei 120°C für 4 Stunden in den Ofen. Wahlweise auch gerne in einem Keramikgrill oder Smoker. Danach wird ein BBQ-Lack aufgestrichen und die Ribs direkt kurz angegrillt.

Grillsalz

500 g grobes Meersalz, 1TL tasmanischer Bergpfeffer, 1TL bunter Pfeffer, Abrieb einer Orange, Rosmarin, Thymian

Alles im Mörser fein zerkleinern

BBQ-Lack

50 ml Cola
50 ml Heinz Ketchup
½TL Rauchsalz

Alles 10 Minuten einkochen lassen.

Grillgemüse

2 Zucchini (gelb und grün), 1 Aubergine, 2 rote Zwiebeln, 250g Pilze, 2 rote Peperoni, Würzmarinade zum Gemüse: 4EL Olivenöl, 1EL Honig, 2 EL Balsamico bianco, eine Knoblauchzehe, 1TL Gewürzsalz, 1TL Worchester Sauce, 1 Chili frisch oder Chiliflocken nach Belieben, Pfeffer je nach Geschmack, optional: 125g Feta

Das Gemüse wird wie üblich vorher gesäubert und anschließend klein geschnitten.
Die Paprika in ca. 1 cm große Quadrate, die Zwiebeln längs geviertelt bis geachtelt, je nach Größe. Die Zucchini und Aubergine längs halbiert und in 5mm dicke Scheiben schneiden. Die Pilze ebenso mit einem Küchenkrepp von der Erde befreien und je nach Größe halbieren oder vierteln.

Marinade
Das Gemüse wird vor dem Grillen mit der Marinade übergossen, welche dann 15-30 Minuten einziehen kann. Alle Zutaten aus dem Rezept in eine Schüssel geben, den Knoblauch hierzu auspressen. Alle Zutaten mit einem Schneebesen oder Zauberstab vermengen und übers Gemüse geben.

Grillen
Der Grill wird auf 220 Grad vorgeheizt und das marinierte Grillgemüse in die Grillschale, den Wok oder auf die Griddle bei direkter Hitze gegeben, überschüssige Marinade in der Schüssel abtropfen lassen.

Das Gemüse nun ca. 20 Minuten bei regelmäßigem Wenden fertig garen lassen. Im Wok oder auf der Griddle geht dies entsprechend schneller.
Vor dem Servieren kann das Gemüse noch mit zerbröseltem Feta verfeinert werden.

Baba Ghanoush

3 Auberginen, 2EL Olivenöl, 2 Koblauchzehen, ½TL Salz, 40ml Tahini (Sesampaste), Kreuzkümmel, Zitronenabrieb

Die Auberginen bei 170°C im Backofen 20 Minuten im Ganzen backen. Die verbrannte Haut abziehen und das Fruchtfleisch hacken. Die Knoblauchzehen schälen, hacken und die restlichen Zutaten untermengen. Für die Schärfe wahlweise noch eine halbe Chilischote hinzugeben. Am Besten schmeckt Baba Ghanoush zu Pitabrot. Wer es gerne etwas leichter hat, gibt noch zwei bis drei Esslöffel frischen Ziegenjoghurt hinzu.

WIE DOHOIM

... wia sieht's denn Johanna wieder aus?

14:00 Uhr – Boah, des war en Mittag. Aber es läuft. Gerade hat man noch unmotiviert das letzte Besteck ins Spülbecken geworfen, da klingelt es schon an der Tür. Doch Glück gehabt, nur der Postbote steht da. Ein kurzer Blick auf die Uhr verrät: Nur noch eine Stunde. Also ab die Post, denn wenn die eigene Mutter zum Essen vorbeikommt darf kein Fehler passieren. Immerhin gibt's keinen größeren Kritiker für die heimische Kochkunst wie die eigene Mutter, denn die merkt scho ob de Spätzleteig mit der Hand geschlagen wurde oder nur mit der Maschine. Also e frisches Hemd rausgsucht und nix wie los...

Lass uns mal wieder was
Schönes zusammen machen.

Ja! Spätzle?

Spätzle
Kässpätzle
Bärlauchkässpätzle

250 g Mehl (griffig), 2 Eier, 2 Eigelb, 50 ml lauwarmes Wasser, 10 g Salz

Mehl mit Ei, Eigelb, Wasser und Salz 5 min. verkneten. Jetzt die Teigmasse mit der Handinnenseite so lange schlagen bis Sie Blasen wirft. Wasser in einem Topf zum Kochen bringen. Das Wasser salzen. Teig in Form hobeln oder pressen. Die Spätzle ins kochende Wasser geben. Wenn die Spätzle nach ca. 1 min an der Oberfläche schwimmen, mit einer Schaumkelle abschöpfen und in Eiswasser abschrecken. Nach erkalten abtropfen lassen.

Kässpätzle
400 g Spätzle, 150 g gehobelter Käse (50 g Zeppelinkäse, 50 g Gruyere, 50 g Emmentaler), zwei kleine Zwiebeln, 120 ml Gemüsebrühe, 50 ml Riesling(Weißwein), 25 g Butter, Salz, Pfeffer, Schnittlauch

Die Butter in der Pfanne erhitzen, eine Zwiebel fein würfeln und in der Butter schwenken, die Spätzle dazu geben, einmal schwenken und mit dem Weißwein und der Brühe aufgießen. Zum Kochen bringen und nach und nach den Käse unterschwenken bis er zerlaufen ist. Die Spätzle mit Pfeffer und Salz abschmecken. Die andere Zwiebel in feine, halbe Ringe schneiden mit Mehl bestäuben und in tiefem Fett goldgelb ausbacken. Die Kässpätzle nun in einem tiefen Teller anrichten und mit Schnittlauch und den gebackenen Zwiebeln anrichten.

Bärlauchkässpätzle
Bei dieser Variante einfach der Gemüsebrühe zuvor 50 g Bärlauchpesto beimischen.

Bärlauchpesto:
Für 200 g Bärlauchpesto: 500 g frische Bärlauchblätter, 200 ml Olivenöl, 1 TL grobes Meersalz, 50 g Petersilie, 25 g geröstete Walnüsse

Alles außer dem Olivenöl in die Küchenmaschine geben und während des Mixens peu à peu das Öl einfließen lassen. Das Ganze ca. 2 Minuten weitermixen. Nicht zu lange mixen, da sonst Bitterstoffe entstehen.

Bratkartoffeln

500 g rohe, festkochende Bio-Kartoffeln, 1 rote Zwiebel, Sonnenblumenöl, Salz, Pfeffer, 25 g Butter, Schnittlauch

Kartoffeln kochen bis Sie gar sind. Jetzt die Kartoffeln pellen und abkühlen lassen. Die erkalteten Kartoffeln in mundgerechte Stücke schneiden.
In einer heißen Pfanne rundherum goldgelb, knusprig anbraten. Zum Schluss die Butter beigeben und mit Salz und Pfeffer abschmecken. Mit Schnittlauch garnieren.

Kartoffelgratin

1kg rohe, geschälte, festkochende Kartoffeln, etwas Butter, 1l Sahne, etwas Muskat, etwas Salz, etwas Pfeffer, 100g geriebener Zeppelinkäse

Die Kartoffeln in feine Scheiben schneiden und in eine mit Butter vorbereitete Backform einschichten. Derweil die Sahne mit den restlichen Zutaten außer Käse würzen und einmal aufkochen. Die Sahne darf leicht übersalzen sein, weil die Kartoffeln das Salz aufsaugen. Nun die Kartoffeln mit Sahne übergießen und bedecken. Das Ganze bei 145°C ca. 50 min in den vorgeheizten Backofen geben.

Zum Schluss noch mit Käse bestreuen und weitere 10 min auf 170°C backen.

Kartoffelsalat

5kg Biobodebiree - 1 Stunde dämpfen – hoiß scheele – abkühla lasse, denn en ¼l Tafelessig, ¼l Sonnenblumenöl, 2 Hand Salz, a ½ Händle weißa gmahlene Pfeffer dazu und am Schluss 2l hoiße Floischbrühe untermische.

Rezept nach Irene Baur-Storz

Kutteln & Saure Leber

Für die Soße (mit Mehlschwitze)
50g Butter, 50g Mehl, 400ml Geflügelfond, 100 ml trockener Rotwein, 1 Zwiebel, 1 Lorbeerblatt, 4 Wacholderbeeren, Salz, Schwarzer Pfeffer, dunkler Balsamicoessig

Die Zwiebel in kleine Würfel schneiden. Butter in einem Topf erhitzen. Die Zwiebelwürfel darin goldgelb anbraten. Das Mehl über die Zwiebeln streuen und parallel mit einem Schneebesen einrühren.

Das Ganze dunkelbraun anrösten lassen. Rühren nicht vergessen! Mit Brühe und Rotwein ablöschen & aufkochen. Lorbeerblatt, Wacholderbeeren beigeben & umrühren. 10 min köcheln lassen.

Für die saure Leber

500g Kalbs- oder Rinderleber

Die Leber kalt abwaschen, häuten und mit einem Tuch abtupfen. Dann in ca. 1cm dicke Streifen schneiden. Die Streifen in Mehl wenden und kurz! in Fett anbraten bis Sie leicht Farbe annehmen. In die Soße geben und weitere 20 min köcheln lassen.

Für die sauren Kutteln:

500g vorgegarte & sauber gewaschene Kutteln

Die Kutteln in ca. 5 mm dicke Streifen schneiden. In die saure Soße geben und weitere 20 min köcheln lassen.

Käsis Kaspressknödel

Für den Knödel 600g Semmel (paar Tage alt), 300ml Milch, 500g Blattspinat, 2 Gemüsezwiebeln, 1 Knoblauchzehe, 100g Butter, 4 Eier. Zum Vollenden: 50g Butter, 100g Parmesan

Alte Semmel (paar Tage alt) in 1cm große Würfel schneiden Milch aufkochen, mit Salz, Pfeffer würzen und über die Semmelwürfel schütten, bei Seite stellen. Zwiebeln und Knoblauch fein würfeln und in Butter glasig dünsten (ohne Farbe), Spinat dazugeben und zerfallen lassen. Die Masse durch den Fleischwolf drehen oder mit einem Messer fein hacken. Die Spinat-Zwiebel-Mischung zu den eingeweichten Semmeln geben und mit den Eiern verrühren, mit einer Folie abdecken und eine Stunde ruhen lassen. Nach einer Stunde Knödel portionieren und rund drehen (ist die Masse zu fest oder zu weich gegebenenfalls Milch oder Semmelbrösel dazugeben). Stark gesalzenes Wasser zum Kochen bringen, Knödel ins Wasser geben und einmal aufkochen, danach auf kleiner Stufe die Knödel 15-20 min sieden lassen.
Butter in einer Pfanne so lange erhitzen bis sie braun wird (Nussbutter). Die fertig gegarten Knödel darin schwenken und mit Parmesan verfeinern und genießen.

Wiener Schnitzel

320g Kalbsoberschale, eine Zitrone, etwas Salz, etwas Pfeffer, 50g Grieß, 400g Butterschmalz, 2 Eier, 100g frische Semmelbrösel

Aus der Kalbsoberschale 4 Schnitzel a 80g gegen die Fleischfaser herunter schneiden. Nun die 4 Stücke auf einen halben Zentimeter plattieren, mit Salz und Pfeffer würzen.
3 kleine Schüsseln für Grieß, Vollei bzw. verquirltes Ei und Semmelbrösel vorbereiten. Nun die Schnitzelstücke im Grieß wenden, durch das Ei ziehen und schlussendlich die Semmelbrösel vorsichtig andrücken.

Eine Pfanne aufstellen und das Butterschmalz erhitzen. Das Fleisch in das heiße Fett geben und die Pfanne mit Drehbewegungen schwenken. Diese Art des Garens beim Wiener Schnitzel nennt man soufflieren. Bei diesem Vorgang muss sich die Panade langsam vom Fleisch abheben bis Luftpolster entstanden sind und die Panade goldgelb ist. Nun die Schnitzel auf ein Küchentuch geben, dass das Fett abtropfen kann.

Mit Bratkartoffeln, Preiselbeeren und einem Zitronenschnitz servieren. Beim klassischen Wiener Schnitzel gibt man zur Zitronengarnitur noch ein Sardellenfilet und eine Kaper hinzu.

Rinderbauch

Hergottzack, hon I en Ranze kriegt!

Ein Stück Rinderbauch, 2 Karotten, eine Stange Lauch, Sellerieschale, eine Zwiebel, ein Lorbeerblatt, eine Nelke, frischer Liebstöckel, Salz, Pfeffer, frischer Meerrettich, eine Lauchzwiebel, 50 g grüne Bohnen

Wasser in einem Topf zum Kochen bringen. Den Rinderbauch ins Wasser legen und eine halbe Stunde köcheln lassen. Nun in Walnussgröße geschnittene Karotten, Lauchstücke, Sellerieschale und Zwiebeln beigeben und erneut eine halbe Stunde köcheln lassen. Nach einer Stunde mit Salz, Lorbeer, Nelke, Liebstöckel und Pfeffer abschmecken. Den Rinderbauch noch ca. 1,5 h fertig garen. Kurz vor dem Servieren den Rinderbauch aus der Brühe nehmen und diese durch ein Sieb passieren. Die grünen Bohnen halbieren und mit der Brühe und den gegarten Zwiebeln nochmals 5 Minuten kochen. Während dessen den Rinderbauch aufschneiden. Nun das Gemüse mit der Brühe in einer Schüssel anrichten, den Rinderbauch darauf geben und mit geschnittenem Frühlingslauch und frisch geriebenem Meerrettich garnieren.

Dinnete mit Spargel

Für den Teig: *500 g Dinkelmehl, 10 g Salz, 15 g Frischhefe, 180 ml lauwarmes Wasser*

Mehl mit Salz mischen und einen Vulkan formen. Die Hefe in die Mulde des Mehlvulkans bröseln. Das Wasser langsam auf die Hefe gießen und von innen nach außen alles langsam kreisförmig vermengen. Die Mischung 10 Minuten mit dem Handballen kneten bis ein glatter Teig entsteht. Den Teig in eine Schüssel geben und mit einem

Küchentuch abdecken. Dann eine Stunde bei Zimmertemperatur ruhen lassen.

Für den Belag: *5 Scheiben Südtiroler Speck (1cm dick), 5 Stangen grüner Spargel, eine rote Zwiebel, 200 g Schmand, 100 g geriebener Parmesan, Pfeffer*

Während der Teig ruht, den Speck in Würfel schneiden, den grünen Spargel schälen und der Länge nach halbieren. Den Schmand mit dem geriebenen Parmesan vermengen. Die rote Zwiebel in halbe Ringe schneiden. Heizen Sie den Backofen auf 250 °C vor. Nehmen Sie jetzt den Teig aus der Schüssel und rollen Sie Ihn mit einem Wellholz auf einem Stück Backpapier hauchdünn aus. Den Rohling mit dem Schmandgemisch bestreichen und mit den restlichen Zutaten belegen. Das Ganze jetzt für 5 Minuten in den Ofen geben.

Kinderspaghetti

Für die Kleinen das Größte.

Schauen Sie sich diesen Saukerl an. So muss das sein. Sie haben doch wohl ihrem Kind schon Spaghetti gekocht.

200 g rohe Spaghetti, 1 Packung fertige Tomatensoße. Etwas Parmesankäse. Dem Bild nach sollte hier nichts hinzuzufügen sein.

Anmerkung des Grafikers:
Für die Tomatensoße: 1 Dose ganze Tomaten (500 g), 2 frische Tomaten, 1 Rosmarinzweig, 1 Bund Basilikum, 1 Zwiebel, 1 Knoblauchzehe, Olivenöl, Salz, Pfeffer, Zucker, Nudelwasser.

Die Zwiebel in kleine Würfel schneiden. Die Knoblauchzehe klein schneiden. Rosmarin & Basilikum vom Stil lösen. Den Rosmarin zusammen mit den Stielen des Basilikums fein hacken. Die frischen Tomaten klein schneiden. Olivenöl in einem Topf erhitzen. Zwiebel, Knoblauch, Rosmarin und Basilikumstiele (nicht die Blätter), und frische Tomaten auf mittlerer Hitze anschwitzen. Die Dosentomaten mit einem Messer in der Dose kleinschneiden und hinzugeben. Mit Salz, Pfeffer und 1TL Zucker abschmecken. Kurz umrühren und 15 Minuten köcheln lassen. Falls Nudeln kochen, einen kleinen Schluck Nudelwasser hinzugeben. Die Basilikumblätter grob hacken und in den Topf geben. Weitere 5min. köcheln lassen und vom Herd ziehen. Fertig.

Anmerkung des Koches dazu:
Darum bist du Grafiker.

Domis Tiramisu

4 Eigelb, 2 Eiweiß, 100 g Puderzucker, 500 g Mascarpone, 250 g Löffelbiskuit, 2 Kaffeetassen Espresso, 2 cl Amaretto, Kakaopulver

Die Eigelbe mit dem Zucker 10 min zu einer glatten Masse rühren. Mascarpone und geschlagenes Eiweiß jetzt 100 g weise beigeben und unterrühren. Nun in zwei wiederholenden Arbeitsschritten die Löffelbiskuits nebeneinander in eine flache Form legen und Espresso sowie den Schnaps darübergeben.

Die 2 Schichten jeweils mit der Mascarpone glatt bestreichen. Das Ganze jetzt 2,5 Stunden kalt stellen & zum Schluss mit Kakao bestreuen.

Weisses Tomatenmousse

1 kg Strauchtomate, 9 Blatt Gelatine, 50 g Joghurt, 50 g Crème Fraîche, 70 g geschlagene Sahne, Salz, Zucker, Pfeffer, Olivenöl, Thymian, etwas Rosmarin

Am Vortag die Tomaten mit Salz, Rosmarin und Thymian pürieren. Anschließend auf ein Sieb mit einem Passiertuch geben und über Nacht abtropfen lassen.

Ergebnis: weißer Tomatensaft.

Die Gelatine einweichen und dann im warmen Joghurt auflösen. Die restlichen Zutaten untermischen und für ca. 3 Stunden kühl stellen.

Sollen wir uns das letzte Stück Tiramisu teilen?

Nein. Das schaffe ich alleine!

Sandras Rhabarberschnitte

Belag: *1kg Rhabarber, 2EL Zucker, Abrieb und Saft einer Zitrone.*

Rhabarber von der Schale befreien und in 3cm Würfel schneiden. Den Rest untermischen und eine Stunde ziehen lassen . Dann auf einem Sieb abtropfen lassen.

Guss: *2 Eier, 200ml Sahne, 3TL Speisestärke, 4EL Zucker.*

Die Zutaten zusammenrühren und danach über die abgetropfte Rhabarbermasse geben. Die Masse nun in ein tiefes Backblech einfüllen.

Streusel: *200g Butter, 150g Mehl, 75g Zucker*

Die Masse für die Streusel zusammenkneten und dann auf den vorbereiteten Kuchen geben. Jetzt das Ganze ca. 35min bei 175 Grad backen.

Daves Beerencrumble

Haferkekse, ganze Haselnüsse, Heidelbeeren, Himbeeren, Physalis (Kappstachelbeere), Joghurt, Zucker, Minze, Abrieb einer Zitrone

Die Kekse mit den Haselnüssen in einem Mörser grob zerstoßen. Den Zucker in einen Mörser geben und mit gehackter Minze und Zitronenabrieb zerstoßen. Nun den Minzzucker auf einem Teller mit der Nussmischung verteilen. Den Joghurt darüber geben und die restlichen Zutaten darauf anrichten.

Saibling „Wiener Art"

4 frische Saiblingsfilets, eine Zitrone, etwas Salz, etwas Pfeffer, 50 g Grieß, Butterschmalz, 2 Eier, 100 g frische Semmelbrösel

Die Saiblingsfilets abwaschen, mit einem Tuch abtupfen und mit einer Pinzette die Stehgräten entfernen. Den Fisch mit Zitronensaft, Salz und Pfeffer würzen. 3 kleine Schüsseln für Grieß, Vollei bzw. verquirltes Ei und Semmelbrösel vorbereiten. Die Filets im Grieß wenden, durch das Ei ziehen und schlussendlich die Semmelbrösel vorsichtig andrücken.

Man nennt das auch „Panierstraße". Eine Pfanne aufstellen und das Butterschmalz erhitzen, nun den Fisch goldgelb von beiden Seiten anbraten.

3 Bier sind au e Schnitzel

Tomaten-Jalapeno Salsa

20 kleine San Marzano Cocktailtomaten, eine Jalapeño, ein El Meersalz, eine Zitrone, ein Teelöffel brauner Zucker, 10 ml Nolly Prat, 20 ml Gemüsebrühe, 1 EL Olivenöl, Thymian, Rosmarin, 2 Knoblauchzehen.

Die Tomaten mit Olivenöl, Kräutern und Knoblauch durchmischen auf ein Blech geben und im Ofen bei 65°C für 2 h trocknen. Die Tomaten vierteln, mit dem Öl vom Blech in einer Pfanne anbraten und mit dem Zucker karamellisieren.
Nun mit dem Nolly Prat und der Gemüsebrühe ablöschen. Das Ganze 40 min bei geringer Hitze einköcheln lassen.

Fahren Sie die A7 Richtung Wien und kaufen Sie eine Art Saibling. Könnte aber auch panierter Saibling sein. In diesem Fall brauchen Sie frische Saiblingsfilets, Mehl, Ei, Salz und Pfeffer. Siehe Wiener Schnitzel. PS.: kürzere Garzeit ... weil Fisch.

Minutensteak mit Spargel

4x 200 g Rinderrücken, 10 Stangen weißer Spargel, 2 Karotten, Butterschmalz, Meersalzflocken, Pfeffer, Thymian, 2 Knoblauchzehen, 1 TL brauner Zucker, 100 g Butter, ein Schuss Weißwein

2 Pfannen aufstellen, erhitzen und den Rinderrücken mit Salz und Pfeffer würzen. Die Karotten sowie den Spargel schälen. Die Karotten in Streifen schneiden und zusammen mit dem Spargel in einer der 2 Pfannen mit Schmalz anbraten.

So kloi und darf scho in d'Wirtschaft?

Das Gemüse mit braunem Zucker und Butter karamellisieren. Mit Salz, Pfeffer und Thymian abschmecken. Das Ganze mit einem Schuss Weißwein ablöschen. Abdecken und 10 Minuten ziehen lassen.

Den Rinderrücken auf ca. 3 cm plattieren und in der anderen Pfanne mit etwas Butterschmalz pro Seite 4 Minuten braten. Den Rinderrücken aufschneiden und mit dem Gemüse auf einem Teller anrichten.

Tipp: Spargel aus dem Ofen

Spargel kann man auch im Ofen garen. Dazu wie üblich den Spargel schälen & die hinteren ca. 2 cm abschneiden. Den Spargel salzen, pfeffern und mit einer Butterflocke in Backpapier dicht einpacken. 180°C / 45 min

Im Ofen kann der Spargel nicht so leicht verkochen und bleibt immer bissfest und saftig. Sehr gut wenn Gäste angemeldet sind und der Zeitplan etwas unklar ist...

Fond Zubereitung:

Gemüse, grob zerteilen. Öl in einen Topf geben und das Gemüse mit Knochen und Tomatenmark anschmoren. Den Wein aufgießen, Lorbeerblätter und Kräuter hinzugeben. Nun mehrere Stunden köcheln lassen.

Lammschulter

mit Bohne und Spargel

2 Stück Lamm-Schultern, 300 g weißer Spargel, 300 g grüner Spargel, Weißwein, Zitrone, Salz, Pfeffer, Zucker, Knoblauch, Rosmarin, Thymian

Das Lamm parieren und mit den Abschnitten eine Soße ansetzen. Spargel schälen und in Weißwein-Wasser kochen.
Das Lamm mit den Kräutern rundherum anbraten und dann bei 120 °C 25 min in den Backofen geben. – Das Lamm aufschneiden und auf dem heißen Spargel servieren.

Geflügelfond (hell)

2 kg Geflügelknochen, 200 ml Weißwein, 50 g Champignons, 2 Schalotten, 2 Karotten, 1 Lauch, 1 Sellerie, Lorbeer, Estragon, Nelke

Wildfond

2,5 kg Wildknochen, 2 EL Öl, 2 Zwiebeln, 2 Karotten 1 Sellerie, 2 EL Tomatenmark, ½ l Rotwein, Lorbeer, Thymian, Rosmarin, Nelke

Dampfnudeln

600 g Mehl, 100 g Zucker, 250 ml Milch, 1 Würfel Hefe, 100 g Butter, 2 Eier, 1 Prise Salz

Mehl mit Zucker, Hefe und der lauwarmen Milch in einem Rührgerät zu einem glatten Vorteig vorbereiten. 15min gehen lassen. Nun den Teig aus der Schüssel nehmen und die Butter, das Salz und die Eier unterarbeiten. Weitere 30 min gehen lassen. Das Karamell (siehe unten) nun in eine Backform füllen & den Teig in 8 schöne Kugeln formen & nebeneinander schichten. Zugedeckt bei 160°C 40 min backen.

Vanillesoße & Karamell

¼ l Sahne, ¾ l Milch, Mark von 4 Vanilleschoten, 12 Eigelb

Die Zutaten mischen und die Soße auf mittlerer Hitze „zur Rose" abziehen. Das bedeutet, dass man ein Wasserbad aufsetzen muss, welches auf dem Herd simmert.
Darauf stellt man eine Metallschüssel mit den Zutaten, die man mit Hilfe eines Holzlöffels langsam in einer Achterbewegung rührt. Dies führt zu einer optimalen Bindung bis es schließlich eindickt. Sobald die gewünschte Konsistenz erreicht ist kann man die Soße abfüllen.

Für das Karamell:
80 g Butter, 100 g Zucker, etwas Wasser

KURZE PRÄGNANTE

...en Happa schnappa

17:30 Uhr – So jetzt aber erst mal kurz aufs Sofa und en kleine Power-Ratz machen. War ja heute scho mehr als genug los. Dann fällt einem auf: Bis auf das halbe Gsälzbrot beim Frühstück und den zwei übriggebliebenen Rostbratwürstchen vom Grill hat man ja heute noch selbst gar nichts gegessen. De Ranze pfeift scho und Hunger ist bekanntlich kein guter Koch. Also entweder schnell in der Post bestellt oder halt doch mal den Blick in Kühlschrank riskiert und eine Kleinigkeit gekocht. Warum denn auch nicht?

Tacos

la vida no es un finca de pony

Maisfladen 10x, eine Zitrone, 2 Avocados, 1 Chili, 2 Knoblauchzehen, 2 Limetten, 1 Mango, 4 Peperoni, 2 rote Zwiebeln, Eine Salatgurke, 2 Spitzpaprika, 1 Bund Frühlinglauch, 1 Bund Koriander, 2 Ochsenherztomaten, 1 Eisbergsalat, Naturjoghurt, Olivenöl, Tomatenmark, Salz, Pfeffer

Vor dem Belegen und Falten der Tacos die Maisfladen in einer Pfanne beidseitig kurz erhitzen.
Währenddessen das Gemüse in Streifen schneiden und am Ende nach Wunsch mit Gemüse, Guacamole und Fleischbeilage belegen.

Guacamole: Die Avocados mit einem Messer kreisförmig aufschneiden. Danach durch einen leichten Schlag mit der Messerklinge und eine Drehung des Messers den Kern entfernen. Die Avocados mit den Tomaten fein würfeln. Mit den geschnittenen Knoblauchzehen und dem Saft von Limetten und Zitrone beträufeln. Nun das Ganze mit Salz, der geschnittenen Chili, gehacktem Koriander und einem Esslöffel Naturjoghurt abschmecken. Die Masse jetzt mit einem Schneebesen glattrühren.

Hackfleisch: *500 g Rinderhackfleisch*

Das Rinderhackfleisch mit einem Esslöffel Olivenöl in einer heißen Pfanne anbraten. Man brät das Fleisch bis der Saft vollständig verkocht ist und bis eine Bräunung entsteht. Das gebratene Hack jetzt mit etwas Tomatenmark nochmals braten und dann mit Salz, Pfeffer und Chili abschmecken.

Hühnchen: *10 Stück Pollo Fino (Hähnchenoberkeule ohne Knochen)*

Die Pollo Finos in einer Schüssel mit Salz, Pfeffer, Olivenöl und einer geschnittenen Peperoni marinieren. Das Fleisch auf ein Backblech mit Backpapier geben und im Ofen bei 180°C Umluft eine Stunde garen.
Dabei zeigt die Hautseite nach oben. Danach die Hähnchenteile in Streifen schneiden.

Siu Mai

30 Stück Wan-Tan Teigblätter. 10 Stück Shiitakepilze, 5 Stück Wildfanggarnelen, Ingwer, Koriander, eine Limette, Sojasauce

Die Garnelen putzen. Kopf und Darm entfernen. Mit den Shiitakepilzen kleinschneiden. Das Ganze mit den anderen Zutaten vermengen.
Die Füllung mittig in den Rohling legen und den Rand mit Wasser bestreichen. Das Produkt nun in der Hand zu einer Tasche formen. Währenddessen einen kleinen Topf mit ⅓ Wasser aufstellen und zum Kochen bringen. In diesen werden nun Bambuskörbe gestellt, in denen die Teigtaschen gedämpft werden

Sweet and Sour Sauce

Halbe Salatgurke, 1 rote Zwiebel, Ein halber Bund Koriander, 100 ml Reisessig, 50 ml helle Sojasauce, eine Chili

Die halbe Gurke und die Zwiebel klein schneiden, die Chili und den Koriander (das ganze Kraut) hacken. Reisessig und Sojasauce kurz aufkochen und über die restlichen Zutaten geben. Tipp: Hier kann eine Schüssel hilfreich sein. Anschliessend eine Stunde ziehen lassen.

Ente Japanisch

4 Stück weibliche Barbarie Entenbrüste, 2-3 Chilis, 50g grüne Bohnen, 2 rote Zwiebeln, 10 Stück Shiitakepilze, 1 Bund Koriander, Ingwer, 1EL Honig, Hoi Sin Sauce (Südchinesisch)

Die Entenbrüste auf der Hautseite quer einschneiden, mit Sojasauce und Honig bestreichen und auf der Hautseite in einer Pfanne 2 Minuten anbraten. Die Ente wenden und die andere Seite braten. Aus der Pfanne nehmen und im Backofen auf einem Blech mit Backpapier bei 160°C 25 Minuten backen.
Das ausgetretene Entenfett in der Pfanne belassen. Das Gemüse und die Pilze klein schneiden und im Entenfett anbraten.

Die Hoi-Sin Sauce darüber geben und mit Koriander, Chilis und Ingwer abschmecken.

Die Entenbrüste aus dem Ofen nehmen, aufschneiden und auf dem Gemüse anrichten.

Hoi Sin Sauce: *10EL Sojasauce, 4EL Erdnussbutter, 1EL Tahinipaste(Sesampaste), 3TL Weißweinessig, Sesamöl, 1EL schwarzer Pfeffer*

Alles zusammen in eine Schüssel geben und gleichmäßig verquirlen.

Dim Sum

Teig: *220g Reismehl, 220g Tapiokamehl, 380ml Wasser, eine Prise Salz*

Die Zutaten vermischen und so lange kneten bis ein glatter Teig entsteht. Für eine Stunde abgedeckt im Kühlschrank ruhen lassen. Danach sofort verwenden.
In asiatischen Lebensmittelgeschäften findet man auch gute, fertige Teigrohlinge.

Füllung: *100g geschnittener Porree, 250g gewolfter Schweinebauch, ein Bund Koriander, Sojasauce, eine Chili.*

Alle Zutaten gleichmäßig vermengen.

Den Teig auf eine Arbeitsplatte legen. Dann ca. 15g Teigkugeln abstechen und mit einer Teigkarte kreisförmig glattdrücken, so dass ein hauchdünner, runder Teigrohling entsteht.

Die Füllung mittig in den Rohling legen und den Rand mit Wasser bestreichen. Das Produkt nun in der Hand zu einer Tasche formen. Währenddessen einen kleinen Topf mit ⅓ Wasser aufstellen und zum Kochen bringen. In diesen werden nun Bambuskörbe gestellt, in denen die Teigtaschen gedämpft werden.

vegan

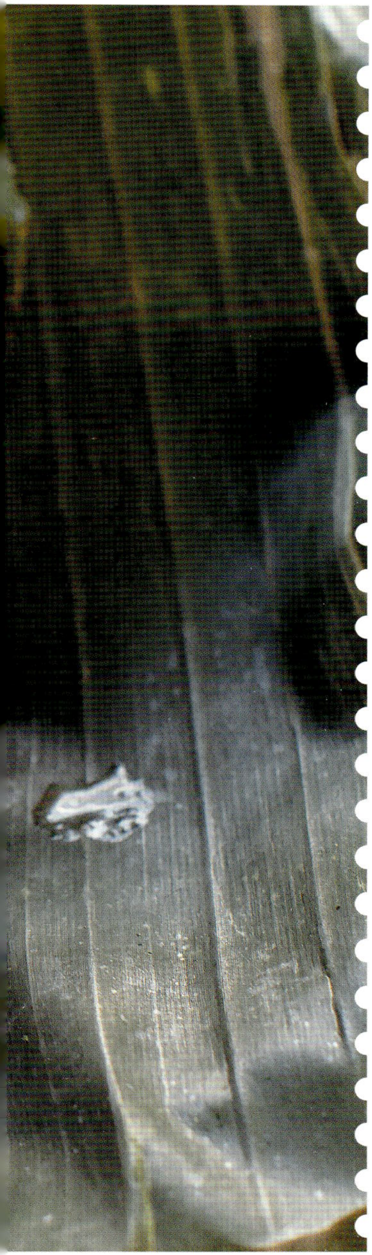

Grünes Thai Curry

1EL Sesamöl, 2TL Currypaste, 1TL Kurkuma, 1TL Koriandersamen, 4 Tomaten , 300 ml Kokosmilch, 1 Limette, 1 Bund Koriander, 2 Bund Frühlingslauch, 2 Chilis, 1 Paprika, 1 Zucchini, 5 EL Gemüsefond, 1 Bananenblatt

Sesamöl in einer Pfanne erhitzen. Kurkuma und Koriandersamen darin 5 min rösten. Geschnittene Paprika und Zucchini zugeben und braten. Tomaten würfeln und hinzugeben. Currypaste einrühren und mit Gemüsefond aufgießen. Limette vierteln und dazugeben. Koriander und Frühlingslauch kleinschneiden und hinzugeben. Chilis längs halbieren und 1 min mitkochen. Zum Schluss die Kokosmilch einrühren, 5 min köcheln lassen und im Bananenblatt anrichten.

Thai Currypaste selbst gemacht:
1 Teelöffel Kreuzkümmel, 1 Teelöffel Koriandersamen, 10 weiße Pfefferkörner, 3 Zitronengrasstängel, 50 g Galgant, 4 Korianderwurzeln, 1 Schalotte, 2 Knoblauchzehen, 4-5 grüne Chilis (mehr oder weniger...mögen Sie's scharf - dann mehr!), 3 Kaffirlimettenblätter, Salz

Kreuzkümmel, Koriandersamen und Pfefferkörner rösten. Die restlichen Zutaten für den Mörser vorbereiten und alles zusammen zerstoßen.

Lasagnette vom Saibling

20 kleine San Marzano Tomaten, 1TL Tomatenmark, frischer Oregano, Meersalzflocken, Pfeffer, Olivenöl, eine Zucchini, frischer Basilikum, eine Zitrone, 6 Stück Saiblingfilet

Die Tomaten in kochendem Wasser blanchieren, in Eiswasser abschrecken und die Haut abziehen. Eine Pfanne mit etwas Olivenöl erhitzen und die abgezogenen Tomaten scharf anbraten.

Tomatisieren, mit Salz und Pfeffer abschmecken und eine halbe Stunde einkochen lassen. Währenddessen die Zucchini in dünne Scheiben schneiden, mit Salz und Pfeffer würzen.

Die Scheiben in einer Pfanne mit Olivenöl beidseitig goldgelb anbraten. Die Hautseite der Fischfilets mit Mehl bestäuben und diese in der heißen Pfanne anbraten. Die Fleischseite währenddessen mit Zitronensaft und Salz würzen.

Die Pfanne nun vom Herd ziehen, die Fischfilets wenden und 1min glasig ziehen lassen. Die einzelnen Komponenten auf einem Teller oder einer Platte aufschichten. Etwas Olivenöl über das fertige Gericht geben.

Trüffel-Bärlauchpolenta

1kg Maisgrieß, 1,5l Milch, 1,5l Wasser, Salz, Trüffelöl, Bärlauchpesto

Milch, Wasser, Trüffelöl und Salz zum Kochen bringen. Bärlauchpesto einrühren. Maisgries einrühren und weiterrühren, bis sich die Mischung vom Topfboden löst. Jetzt auf ein Blech stürzen, dünn ausstreichen und erkalten lassen. Danach schneiden und in einer heißen Pfanne braten.

Sauce rouille

1 Eigelb, 125 ml Olivenöl, Knoblauchzehe, 1 Messerspitze Safran, Pfeffer, 1 rote Peperoni. Alternativ: 1 mehlig kochende Kartoffel einfach zerdrückt in die Creme geben.

Sie wird im Mörser gefertigt. Die Rouille besteht aus Knoblauch, kleinen roten Peperoni, die miteinander fein zerstoßen werden. Dazu kommt eine kleine zerdrückte Kartoffel, Safran und Olivenöl. Mit Fischfond wird die gewünschte Konsistenz hergestellt. Es gibt auch Rezepte mit Eigelb und Mayonnaise. Die Sauce wird manchmal auch mit Hilfe von Tomatenmark rötlich gefärbt.

Tagliatelle mit Walnusspesto

Walüsse, etwas Salbei, Parmesankäse, Salz, Pfeffer, Olivenöl, Abrieb einer Zitrone, etwas Petersilie, Nudelteig oder fertige Nudeln

Die Walnüsse kurz anrösten. Den Salbei hacken, etwas Parmesankäse reiben, mit den restlichen Zutaten und etwas Olivenöl vermengen. Alles in der Küchenmaschine kurz mixen. Tipp: Nicht zu lange mixen, sonst wird das Pesto bitter.

Den Nudelteig dünn ausrollen und 2 cm dicke Streifen schneiden. Einen Topf mit gesalzenem Wasser aufsetzen. Die Nudeln im kochenden Wasser bissfest garen, abschöpfen und mit dem Pesto vermengen.

Auf einem Teller anrichten. Etwas gehackten Salbei, geriebenen Parmesan und etwas Olivenöl darüber geben.

Spaghetti Frutti di Mare

Eine Packung Spaghetti No 5, eine kleine Dose ganze, geschälte Tomaten, 1EL Tomatenmark, Meersalzflocken, Pfeffer, frischer Oregano, Thymian, eine Zitrone, 200 g Vongolé, 5 frische Babytintenfische, Olivenöl, 2 Knobauchzehen, 100 g Miesmuscheln, 100 ml Weißwein

Spaghetti in gesalzenem Wasser bissfest abkochen und unter kaltem Wasser abschrecken. In einem Topf Olivenöl erhitzen. Geputzte und geschnittene Tintenfische so wie die Muscheln anbraten. Mit dem Weißwein ablöschen. Knoblauchzehen und Kräuter hinzu geben. Mit Tomatenmark und grob geschnittenen Dosentomaten auffüllen und abgedeckt 10 Minuten köcheln lassen. Mit Salz und Pfeffer abschmecken.
Die Spaghetti in den Topf geben, durchschwenken und anrichten. Den Abrieb der Zitrone und etwas Olivenöl darüber geben.

Pasta la Vista, Baby!

Für bsondre Leit

... Du musch bloß reich dua. Dia Arme mag niemand.

20:00 Uhr – Scho klar, es gibt solche Leit und solche. Und manchmal kommet halt au solche. Und dann reicht es vielleicht halt nicht mehr, wenn man seine altbekannten Nudeln mit Pesto kocht oder schon wieder Partypizza für alle bestellt. Manchmal gibt es halt einfach diese Abende, da muss alles stimmen, und zwar nur, weil man vor ein paar Wochen halt ein bisschen zu sehr von dem einen, neuen Super-Gourmet-Gericht geschwärmt hat, dass man neuerdings immer kochen würde. Zack haben sich ein paar Leute eingeladen, um zu testen, ob man wirklich so ein großer Kulinarius ist, wie man selbst immer behauptet hat. Woisch!

Austern

Austern, eine Zitrone, etwas Eis, ein Austernhandschuh und ein Austernbrecher.

Austern öffnen, säubern und vom Muskel lösen. Die Austern auf dem Eis anrichten.

Für die Garnitur: Chesterbrot: Pumpernickel, Butter, Chesterkäse.

Die Pumpernickel mit Butter bestreichen und den Chesterkäse darauf auslegen. In Häppchen schneiden und mit einem Zahnstocher fixieren.

Vinaigrette

2 Rote Zwiebeln in Würfel schneiden und mit Rotweinessig und etwas Honig abschmecken. Tipp: Kein Salz.

Wahlweise kann auch nur frischer Pfeffer, Tabasco und Zitrone gereicht werden.

Ramen

Für die Rinderbrühe: 300g Kalbshaxe, 3 Markknochen, 1,5l Wasser, eine rote Zwiebel, 1 Bund Korinader, Salz

Die Haxe, sowie die Knochen eine Stunde bei 200°C im Ofen rösten. Aus dem Ofen nehmen, in einen Topf geben und mit Wasser übergießen.
Die restlichen Zutaten beigeben und 2 Stunden köcheln lassen. Zum Schluss mit Salz abschmecken und durch ein Sieb in einen weiteren Topf passieren & wieder zum Kochen bringen.

1l Rinderbrühe, 3TL Sojasauce, 200g Ramennudeln, Spargel, Frühlingszwiebel, Pilze, Chilis, Dim Sum (Seite 81)

Die Ramennudeln, sowie die Dim Sum in der Rinderbrühe 5 Minuten kochen. Währenddessen das Gemüse in kleine Stücke schneiden und in einem tiefen Teller anrichten. Jetzt das Ganze mit der Nudelsuppe übergießen.

Es gibt unzählige Varianten der Ramensuppe, sowie passender Nudeln. Wie z.B. Udon, Soba oder auch Reisnudeln.

Sushi

Für den Reis: *250 g Sushi Reis, 2 EL brauner Zucker, 50 ml Reisessig, etwas Sojasoße*

Sushi-Reis in einem Sieb unter fließendem kaltem Wasser abspülen, bis das Wasser klar ist. Den Reis mit 300 ml Wasser kochen, 2 Minuten kochen lassen, die Hitze reduzieren und den Reis zugedeckt bei geringer Hitze 8 - 10 Minuten quellen lassen. Den Deckel abnehmen, Kochlöffel zwischen Topf und Deckel klemmen und den Reis 15 Minuten abkühlen lassen. Reisessig, Soja und Zucker aufkochen lassen. Den Reis in eine Schüssel geben, die Marinade darübergeben und einarbeiten. Den Reis mit einem feuchten Tuch abdecken.

Restliche Zutaten nach Belieben, weil es ca. 104969 Varianten gibt:

2 Stangen Frühlingslauch, Wasabipaste, 2 Stangen grüner Spargel, Wakame Algensalat, eingelegter Ingwer, gerne auch anderes Gemüse. Frischer Fisch: z.B. Thunfisch (entweder Yelllow Ein oder Saku), Squid (Tuben), Lachs, Ebi- Garnelen, geräuchter Aal oder auch andere fangfrische Fische.

Den Reis nun in halbrunde Kugeln mit feuchten Händen formen (Nigiri). Mit dem Finger einen Hauch Wasabipaste darüberstreichen. Den Fisch dünn aufschneiden und schön auf dem Reis drapieren (siehe Bild).

Nach Belieben kann ein Noriblatt (getrocknete Alge) genommen werden und klassisch mit Reis bestrichen und mit Zutaten gefüllt und gerollt werden. (Maki roll)

Erdbeerkuchen

Boden: 2 Ei(er), 125 g Zucker, fein, 1 TL (gehäuft) Vanillezucker, 125 g Mehl (gesiebt), 125 g Butter (flüssig), 1 TL Backpulver, Semmelbrösel und Fett für die Form

Belag: 500 ml Milch, 2 EL Zucker, eine Packung Vanillepuddingpulver, 500 g Erdbeeren, gewaschen, geputzt, gezuckert, eine Packung Tortenguss (rot), 2 EL (gestrichen) Zucker, für den Guss, 50 g Mandeln (gehobelt)

Die Eier trennen. Für den Boden alle Zutaten außer dem Eiweiß in einer Rührschüssel zu einer homogenen Masse verarbeiten. Das Eiweiß mit einem Schneebesen schlagen und unterheben.

Ein Backblech mit Butter bestreichen und dann die Semmelbrösel darüber streuen. Die Masse in das Backblech geben.

Bei 175°C ca. 22–25 min backen.

Brioches

500 g Mehl Type 405, 25 g frische Hefe, 50 ml lauwarme Milch, 4 Eier, 1 TL Salz, 250 g weiche Butter, 1 Eigelb

Mehl in eine Schüssel geben und eine Mulde bilden. Hefe in lauwarmer Milch auflösen & beigeben. Eier & Salz beigeben. Den Teig schlagen bis er Blasen wirft. Weiche Butter dazugeben & kneten. In Formen setzen & 90 min gehen lassen. Mit dem Eigelb bestreichen. 15 min bei 220°C backen.

Schokimousse

4 Eigelbe, 2 Volleier, 200 g Zucker, 6 cl Weinbrand (ruhig en Guten!), 400 g Kuvertüre, 1,2 kg geschlagene Sahne

Eigelbe, Volleier und Zucker auf dem Wasserbad in einer Schüssel zur Rose aufschlagen. Kuvertüre schmelzen und mit gleicher Temperatur unter das Ei-Gemisch rühren, Erkalten lassen und den Brandy darunter mischen. Schokomasse jetzt kalt werden lassen und die Sahne unterheben. Abfüllen!

Wellington

1 Rinderfilet mit ca. 800 g (Black Angus), 5 Schalotten, 2 Knoblauchzehen, 100 g frischer Blattspinat, 300 g Champignons, Salz, Pfeffer, 4 EL Öl, Rosmarin, 2 EL grober Dijon Senf, gehackte, glatte Petersilie, 2 Lagen Blätterteig (TK), 1 Eigelb

Den Filetkopf mit Salz und Pfeffer würzen. Das Filet rundherum in einer heißen Pfanne mit den Knoblauchzehen und den Kräutern anbraten und auf ein Küchentuch legen.

Die Pilze und die Schalotten in feine Würfel schneiden. Nun in einer heissen Pfanne mit dem Öl den Spinat, die Pilze und die Schalotten an-

braten, bis sie Flüssigkeit ziehen. Dann auf ein Sieb geben und abtropfen lassen. Petersilie, Senf dazugeben und abschmecken.

Den aufgetauten Blätterteig hauchdünn ausrollen und mit dem Düxsel aus dem Gemüse bestreichen. Den Filetkopf darauflegen und das ganze einrollen. Nun auf ein Backblech mit Backpapier legen und bei vorgeheizter Umluft 180°C 20 min backen. Nach 10 min das Ganze noch auf der Oberseite mit dem Eigelb bestreichen.

Wenn Restteile des Teiges über sind, noch nach Belieben verzieren.

Bulgur Rinderhüfte „marokkanisch"

„Fliegen Sie auch nach Mallorca?"
„Nein ich springe über Marokko ab!"

600 g frische Rinderhüfte, Grillsalz, ½ Bund Koriander, Ingwer, Abrieb einer Orange, ½ TL Kurkuma, ½ TL Kreuzkümmel, Sesamöl, 2 Chilis, 5 EL Ziegenjoghurt, 1 Messerspitze Zimt, 300 g getrockneter Bulgur, 1 Zucchini, 2 Schalotten (mittelgroß), 2 abgezogene/entkernte Fleischtomaten, 300 ml Geflügelfond, 1 EL Tahini (Sesampaste), Meersalzflocken, Abrieb einer Limette.

Die Rinderhüfte in drei 200 g Steaks schneiden, mit dem Würzsalz, Kurkuma und dem Kreuzkümmel marinieren. Eine Pfanne aufstellen und die Hüftsteaks auf allen Seiten scharf anbraten. Bei 120°C ca. 26 - 28 min in den vorgeheizten Backofen geben.
Währenddessen den Geflügelfond aufkochen und anschließend über den Bulgur geben. Abgedeckt 15 min ziehen lassen. Jetzt die Zucchini, die Schalotten und die Tomaten in feine Würfel schneiden. In einer heißen Pfanne mit Sesamöl kurz anbraten und zum Bulgur dazugeben. Jetzt alles durchmengen und mit den restlichen Zutaten abschmecken.

Den Joghurt nun mit Zimt, etwas Salz und dem Abrieb der Limette abschmecken.

Risotto mit Gambas

Gambas: 8 frische Wildfanggambas, 1 Zitrone, Meersalzflocken, Thymian, Knoblauch, 1 Bund grüner Spargel

Den grünen Spargel schälen und die Gambas putzen. Beides mit Meersalz würzen und in einer Pfanne mit den restlichen Zutaten braten.

Zitronenrisotto: 400 g Risottoreis, 2 Schalotten, 2 Zitronen, Weißwein, Olivenöl, Garnelenfond, Salz, geriebener Parmesan

Reis mit gewürfelten Schalotten in heißem Öl schwitzen, mit Weißwein ablöschen und etwas Fond auffüllen. Diesen Prozess mehrmals wiederholen und immer gut umrühren (sonst wird alles schwarz am Boden!?). Das Risotto „bissfest" kochen, abschmecken und zum Schluss geriebenen Parmesan hinzugeben.

Gambas mit Schmorgemüse

Schmorgemüse: 1 rote Zwiebel, 10 Cocktailtomaten (San Marzano), 1 rote Paprika, 1 gelbe Paprika, 1 Zucchini, 10 kleine Risoleékartoffeln (30 min vorgekocht), 1 TL Grillsalz, 1 TL Tomatenmark, Zucker, Rosmarin

Gemüse in mundgerechte Stücke schneiden. Im feuerfesten Topf anschmoren. Tomatenmark hinzugeben und weiter anrösten(tomatisieren). Die Gewürze dazugeben. Im Topf bei 130°C eine halbe Stunde schmoren lassen.

Gambas: 8 frische Wildfanggambas, 1 Zitrone, Meersalzflocken, Thymian, Knoblauch

Die Gambas putzen, entdarmen, mit Meersalz würzen und in einer Pfanne mit den restlichen Zutaten braten. Gambas und Gemüse anrichten.

Rehrücken & Erbsenpüree

Perfekt für Erbsenzähler!

1 Stück Rehrücken (ca. 800 g), Grillsalz (Christoph), Rosmarin, Thymian, Sonnenblumenöl, 300 g frische Erbsenschoten, Olivenöl, Meersalzflocken, geriebener Parmesan

Den frischen Rehrücken einwürzen und in einer heißen Pfanne auf beiden Seiten anbraten. In den vorgeheizten Backofen bei 120°C 25 min auf ein Blech geben. Die Erbsen abkochen, abschrecken und in eine Moulinette geben. Den gerieben Parmesan, das Oliveöl (nach Bedarf) und das Salz hinzugeben. Kräftig durchmischen und mit einer Butterflocke in einem kleinen Töpfchen erhitzen. Den Rehrücken aus dem Ofen nehmen, aufschneiden und auf dem Erbsenpüree anrichten.

Wahlweise als Garnitur noch ein Grissini anrichten (Rezept Hefeteile). Dazu frische Haselnussknöpfle (siehe Spätzle), Spätzle in 25 g Butter mit gehackten Haselnüssen schwenken.

Markknochen mit Balsammayo

4 frische Rindermarkknochen, etwas Grillsalz (Christoph), Rosmarin, Thymian, glatte Petersilie, Geflügelfond, Olivenöl fürs Röstbrot, ½ Vollkornbaguette vom Vortag

Die Markknochen mit dem Salz marinieren und in einer Pfanne mit den Kräutern scharf beidseitig anbraten. Die Knochen nun in eine Kasserolle geben und 1,5 h im Backofen oder zugedecktem Grill rösten. Zwischendurch immer mal wieder mit 2–3 EL Geflügelfond ablöschen. Eine Pfanne aufstellen, das Baguette in schräge Scheiben schneiden und mit Olivenöl beidseitig goldgelb rösten.

Für die Mayo: 1 Ei, 100 ml Sonnenblumenöl, 1 TL Senf, Salz, Pfeffer, Abrieb einer Zitrone, dunkler Balsamicoessig

Das Ei mit dem Senf in ein hohes Gefäß geben und dann mit dem Stabmixer schlagen. Das Öl nebenbei einfließen lassen und die Masse immer wieder nach oben ziehen. Das Mixen nebenbei nicht vergessen. Diesen Vorgang fünf Minuten durchziehen, bis die Masse homogen ist und sich eine Emulsion gebildet hat. Das Ganze mit dem Abrieb, Salz, Pfeffer und dem Essig nach Belieben abschmecken.

Bouillabaisse

1 Saibling, 1 Wolfsbarsch, 4 Wildfanggarnelen, 10 Stangen grüner Spargel, 2 frische Tomaten, 3 Karotten , 1 Lauch, 1 Fenchel, 2 EL Tomatenmark, 2 Schalotten, 2 kleine Knoblauchzehen, Rosmarin-Thymian, 5 Nelken, 1 Lorbeerblatt, 1 TL Safran, Olivenöl, Salz, 1 Schuß Weißwein, 1 Zitrone, frisches Roggenbrot zum Rösten.

Die Fische sowie die Garnelen filetieren bzw. putzen. Die Fischfilets sowie die Garnelen nun kalt stellen. Die Fischkarkassen (Abschnitte) ca. 15 min kalt wässern, damit die Trübstoffe herausgewaschen werden. Die Abschnitte mit kaltem Wasser bedecken & auf mittlerer Stufe langsam zum Kochen bringen. In der Zwischenzeit das Gemüse putzen und die Abfälle in den Fischfond geben. Kräuter und Gewürze dem Fischfond hinzufügen. Sobald der Fond kocht, lösen sich durch das Fischeiweiß die Trübstoffe aus der Brühe und der entstandene Schaum auf der Oberflche kann abgeschöpft werden. 15 min köcheln lassen und mit etwas Salz und Zitrone abschmecken. Den rohen Fisch und die Garnelen sowie das Gemüse in dünne, mundgerechte Stücke schneiden und in einem heißen Teller roh anrichten. Mit etwas Safran bestäuben und mit dem kochenden Fond übergießen. 5 min ziehen lassen.

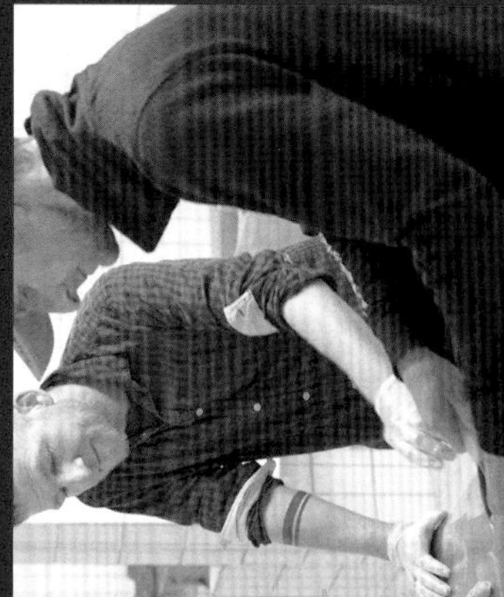

FREUNDE & WIDMUNGEN

Some things never stay the same.
Some things never change.

Dass sich so ein Kochbuch, sowie der Alltag im Restaurant, nicht völlig allein meistern lässt, sollte wohl jedem klar sein. Eine echte Herzensangelegenheit also!

Dieses Kapitel ist der gegenseitige Dank für jahrelange Freundschaft, Partnerschaft und Treue. Neben glücklichen Gästen ist das die größte Motivation immer weiterzumachen und das Feuer aufrechtzuerhalten.

HELBIG

VORWEIHNACHTSZEIT
30.12.2019 5:30 UHR

Markus klingelt! Warum hab ich nur vor 3 Wochen die Fresse so weit aufgerissen. Am 12.12 hatten wir einen schönen Abend und ich versprach Ihm einmal zu helfen, weil es schon nicht so anstrengend sein konnte. Aber leicht verdientes Geld sieht anders aus, meine Freunde. Wer denkt, dass es dort in Ittenbeuren, bei Helbigs Fischzucht, mit ein bisschen Fische streicheln und Stördressur getan ist, irrt sich. Es ist kein Job wie jeder Andere! Täglich 12-14 Stunden powern, und das mit Leidenschaft.

Wer je mal Interesse hat, fährt einfach zu Ihm und kauft dort ein. Denn wir Beide leben stets nach unserem Credo: „Think global, buy regional", das durch unsere lokalen Händler, Geschäfte und Erzeuger mitgetragen wird.

VOR JAHREN...

Schon zu Kurts Zeiten gab es hier den besten „Gmischta"*. Die Empfehlung nach einer durchzechten Nacht lautet stets morgens um 6 Uhr bei unserer Hausmetzgerei Mader in Wilhelmsdorf zum Einkehrschwung vorbeizuschauen. Aber nicht nur nach einer solchen Nacht bekommt man dort tolle Produkte.
Auf hausgemachte und regionale Fleisch- und Wurstwaren wird hier großen Wert gelegt. Stets zu empfehlen! Fragen Sie einfach nach. Man bekommt immer was man will.
Wer internationaler aber auch regional fleischig geniessen will, muss nur eine Straße weiter fahren. Dort befindet sich die Firma Diloga in der Hand von Uwe Diesig. Stets nach seinem Spruch: „Mehr als nur Fleisch".

*Fleischkäs und Fleischsalat im Wecka (Nach Bedarf Ketchup)

VOR ORT

Wollen Sie in Zussdorf soziale Kontakte knüpfen und auf dem neuesten Stand bleiben, gehen Sie entweder ins Bräuhaus oder zu einem der beiden Versorgungshotspots im Herzen der Ortschaft.

Bei Hartmut Späth bekommt man im Zweifelsfall neben Lebensmitteln und Artikeln des täglichen Bedarfs auch einzelne Schrauben inklusive tiefgehender Beratung. Als Stammgast wird das Ganze auch gerne mit einer schönen Tasse Kaffee und einem netten Gespräch garniert. Direkt neben dem Kaufhaus Späth liegt der Bio-Hofladen von Judith und Thommy Gebhardt. Neben besten Waren in Bio-Qualität gibt es hier auch frisch gebackenes Brot aus dem Holzofen. Im Nachbarort befindet sich die Rotachgärtnerei. In diesem Gärtnereiprojekt der Zieglerschen Anstalten arbeiten Menschen mit und ohne Behinderung an Ihren tollen Produkten. Solche Betriebe sind mittlerweile Mangelware und wesentlicher Bestandteil einer funktionierenden, örtlichen Infrastruktur. Wir legen großen Wert auf Regionalität, Nachhaltigkeit und Unterstützung der lokalen Firmen. Wenn ein Ort wie Zussdorf schon so viele Einkaufsmöglichkeiten hergibt, sollte man Sie auch verdammt noch mal nutzen. Überzeugt Euch selbst von der grandiosen Qualität, die wir hier haben.

GEBÄCK & DESSERT SOMMER 2018

Wenn Sie das Cafe Stäbler aufsuchen wollen, probieren Sie es niemals rückwärts mit dem Auto durch den Kreisverkehr – das geht schief und es könnten Laternen zu Schaden kommen. Lieber auf einen frisch gebrühten Kaffee und ein Stückchen Kuchen vorbeischauen. Denn auch dort werden Sie von einer fantastischen Familie versorgt, die sich stets um Ihr Wohlbefinden kümmert. Aber nicht nur das Cafe Stäbler (beliefert durch die Bäckerei Zembrod), sondern auch der „Schmalegger Beck" ist Stammlieferant im Bräuhaus Zussdorf.

Wenn Sie also mal Lust auf frische Schmalegger Backwaren haben, kommen Sie zu unserem samstäglichen, kulinarischen Stammtisch, gehen direkt in die Filiale nach Schmalegg oder hören Sie wochentags auf die unverwechselbare Hupe des Frischemobils von Brotsommelier und Freund Andreas. Dem Fahrer des Vertrauens.

Anthony Heinrich

C. STORZ, 1983, trocken

Der STORZ ist ein charakterstarker Begleiter für gesellige Stunden. Dennoch mit Tiefe, Ecken und Kanten verspricht er auch Kennern eine Genussfreude mit Überraschungen. Mit Ihm in der Runde lässt es sich vortrefflich fachsimpeln und auch über Banalitäten debattieren!
Durch seine kräftigen Wurzeln ist es Ihm möglich auch unter schwierigen Verhältnissen – wie den jetzigen – mit Qualität zu punkten!
Genießbar – ganzjährig.
Idealer Begleiter zu Offenheit, Witz und Tiefgang.

Michael Hotz

CHRISTOPH STORZ

Diese ganz besondere Flasche Wein ist wie die Freundschaft zu Christoph Storz.

Ein Cuvée aus Leidenschaft und starkem Charakter. Ruppig in seiner Art, aber somit auch einzigartig und interessant.

Mit Ihm (oder Ihn) zu trinken ist ein Erlebnis und jedes Mal mit einem fulminanten Abgang zu beschreiben. Eine Begegnung mit diesem Kerl ist jedem zu empfehlen.

Alexander Stehle

CHRISTOPH STORZ

Ein Mann, der die Kulinarik lebt. Jedes Zusammentreffen mit Ihm ist für mich eine Inspiration und motiviert mich, ein noch besserer Koch zu werden. Die Flasche meiner Wahl fällt auf das Trappist Westvleteren No. 12.
Passend, da Christoph auch als ausgewiesener Weinliebhaber deren besonderen Inhalt zu schätzen wissen wird. Und das, ohne sich von der bescheidenen Aufmachung beeinflussen zu lassen. Vermutlich wird man Ihn beim Genuss dieses Bieres dabei ertappen, wie er über korrespondierende Zutaten für eine Menüfolge grübelt.

I trink mei Viertele...

Christoph Storz

ROLANDS EMPFEHLUNG

„Probier den, da haut´s dich um!“

Ich muss sagen … echt ein Schmuckstück. Diese Flasche hatte ich mal zum Geburtstag von Roland bekommen. Ein geiler Typ, der sich in meiner Verwandtschaft rumtreibt. Trinke immer die Empfehlung vom Vater des Freundes deiner Schwester!

Passt mega geil zu Tacos und geselligen Abenden mit so Typen wie Roland.

Danke für diesen Genuss.

…normal bloß aus em Henkelgläsle

REZEPT FÜR EIN KLEINES, SCHWARZES KOCHBUCH

Peter Paul Kunze

***Zutaten:** Ein Lockdown, ein Koch, ein Designer, eine Dartscheibe, 50 Schachteln Zigaretten, ein Elektroherd, ein Grill, rudimentäre Kochausrüstung, 2 Flächenleuchten, eine Kamera, ein Computer, Software für Datenverarbeitung und Gestaltung, eine Hand voll hilfsbereiter Weggefährten, eine Prise Motivation, etwas Wein, ca. 450 Arbeitsstunden*

Man nehme einen Koch mit Tatendrang und sperre ihn mit einem Designer und einer Dartscheibe in eine kleine Wohnung. Dann geben Sie vorsichtig eine Pizza, einen Filzstift und eine Schachtel Zigaretten durch den Türspalt und lassen das Ganze eine Nacht ziehen. Am nächsten Morgen entfernen Sie den mit Filzstift beschriebenen Karton aus der Wohnung. Diese „Skizze" dient Ihnen ab sofort als Bauanleitung und Einkaufsliste.

Kaufen Sie Lebensmittel für 2-3 auf dem Karton aufgeführte Rezepte. Wenn Sie diese unauffällig in der Küche drapieren, wird der Koch wie von selbst beginnen die Gerichte anzufertigen. Besorgen Sie nun ein Stativ, eine gute Kamera, 2 einfache Flächenleuchten und eine Hand voll SD-Karten um den jetzt regungs- und orientierungslos vor der Dartscheibe stehenden Designer zu beschäftigen. Sammeln Sie am Ende des Abends SD-Karten, geschriebene Rezepte und Konzeptskizzen für weitere Gerichte ein. Verteilen Sie die fertigen Gerichte gleichmäßig in der Nachbarschaft. Diesen Vorgang ca. 40 Mal wiederholen.

Kopieren Sie nun die Bilder (ca. 2500 Bilder auf

ca. 90 GB) auf einen leistungsstarken Computer, auf dem Sie vorab die Software für Datenverarbeitung und Gestaltung installiert haben. Tippen Sie nun die ca. 20 Seiten Rezepttexte ab und speichern Sie diese in eine Textdatei. Setzen Sie den Designer mit einigen Zigarettenschachteln vor den Computer und lassen Sie das Ganze 3–4 Wochen gehen. Tipp: Ab und an Zigaretten und Kaltgetränke nachfüllen.

Jetzt Vorsicht! Besorgen Sie sich bereits während diesem Prozess 2 Korrekturleser, einen Autor und einen Illustrator, um rechtzeitig auf die nächste Phase vorbereitet zu sein. Der Koch wird nämlich wahnwitziger Weise bereits einen Pressetermin vereinbart haben, Plakate hängen und eine Publikationsfeier organisieren.
Beauftragen Sie den Illustrator die leeren Stellen im Buch zu füllen und bestellen Sie erste Musterexemplare der Zwischenversion, um für spontan auftretende Veranstaltungen gewappnet zu sein. Das Ganze ca. 2 Wochen gehen lassen.

Geben Sie 2 Muster an ihre Korrekturleser und jeweils eines an den Designer und den Koch. Der Koch wird nun Vorwort, Lieferantentexte, Danksagungen uvm. vorbereiten. Vereinbaren Sie einen Termin mit einem Autor in dem Sie Kapiteltexte und Konzept besprechen. Der Autor wird dann die entsprechenden Texte überarbeiten und in Form bringen. Lassen Sie diesen Prozess ca. 2 Wochen ruhen. Tipp: Weißwein für den Autor.

Schreiben Sie einen Klappentext, beantragen Sie eine ISBN-Nummer und verarbeiten Sie die neuen Inhalte aus den Musterexemplaren, geeinsam mit Koch und Designer, in einer neuen Datei. Geben Sie diese erneut zu einem Korrekturleser. Verarbeiten Sie die letzten Korrekturen und beauftragen Sie eine Druckerei mit der Umsetzung des Buchs.

Bestellen Sie einige Exemplare im Expressdruck um für die Publikationsfeier und evtl. auftretende Lieferverzögerungen vorbereitet zu sein.

Nach weiteren 2 Wochen richten Sie die gelieferten Exemplare auf einer sonnigen Terasse an und genießen Sie Ihr fertiges Buch mit Freunden und einer schönen Flasche Wein.

Beschder Mann
Schniposa
Spüler
Reisender
Freund
Mir sind scho mol Drei
Kulinariker
Kartoffelgratin
Lebemann
Bürgermeister von Zussdorf
R. I. P. 05.01.19

olé

Zufahrt
BRÄUHAUS
ZUSSDORF
Gasthof
Bräuhaus
WIRTSCHAFT
FÜR
GEMEINSCHAFT...
AB 27. MÄRZ
TÄGLICH
WECHSELNDE GERICHTE
ZUM ABHOLEN
VON 12⁰⁰ BIS 14⁰⁰ UHR
TÄGLICHE VORBESTELLUNG
VON 9⁰⁰ BIS 11³⁰ UHR
07503-2413
SPEISEKARTE
WWW.BRAEUHAUS-ZUSSDORF.DE

WE
MEAT

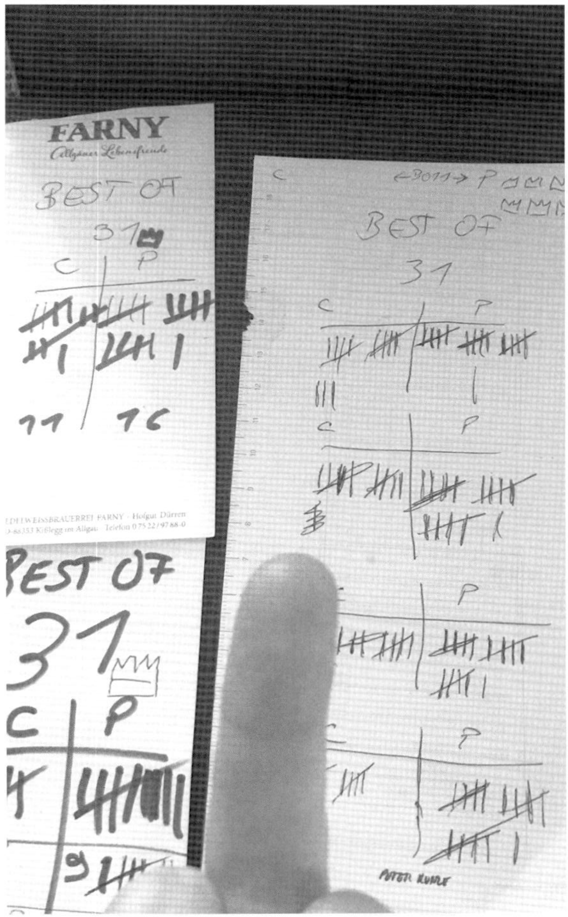
FARNY
BEST OF
31
C
P
BEST OF
31
C
P

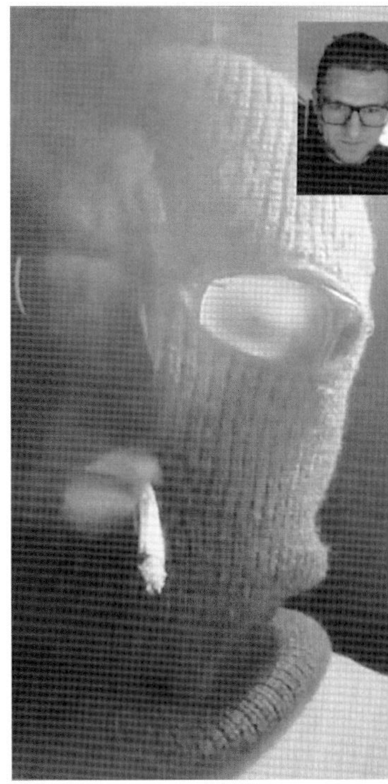

FARNY
Der Weizenbier-Spezialist

STORZ

BRÄUHAUS
Gasthof
Bräuhaus

WIR DANKEN:

Dieter Storz & Irene Baur-Storz
Sandra Hagen
Maria Denzler
David & Dominique Kunze
Herbert Guth
Jens-Philipp Drewes-Mutschler & Johanna Mutschler
Marius Beck
Barbara Kunze
Jan Wolf Wagener mit Familie
Mirko Siakkou-Flodin
Patricia Stäbler
Thommy & Judith Gebhardt
Hartmut & Geli Späth
Philipp Kazamias & Kevin Wenger
Stefanie Keller
Philipp Kesenheimer
Jonas Herzog
Markus Helbig
Andreas Rasch (Metzger Beyl)
Uwe Diesing
Manne Baierl
Christoph Mader
Früchte Jork
Möbelschmiede – Stephan Schmidt
Brauerei Farny
Landmetzgerei Strobel
Duelli's FEIN[e]KOST
Michael Hotz
Anthony Heinrich
Alexander Stehle
Clemens Hendricks
Ristorante „Zur Post" – Wilhelmsdorf
Uli Hanssler
Robert „Roberto" Schneider
Hubert Frick – Der Mann mit den schönsten Eiern (Hühner)
Lübcke Pommes-Import
Rudolf Meichle & Siegbert Reithofer
Heribert Kohlöffel – Seesalat
Rotachgärtnerei Wilhelmsdorf
Emanuel Ibele
Robert Knaus
Weingut Aufricht

Special Thanks:

Fricker Edi,

dem Corona-Virus

und dem Erfinder

der Dartscheibe.